42
Lb 464.

SUR
LES MESURES
ANTI-RÉPUBLICAINES
Proposées contre un grand nombre de Français.

Non patriam fugimus : non dulcia linquimus arva.
V<small>IRG</small>.

AVIS.

Il est heureux que l'impression de ce morceau ait éprouvé des retards. Il est plus heureux que le motif qui l'avoit inspiré ne semble plus exister. Mais il est encore temps de le laisser paroître, *ne furor et iniquitas redeant.*

4 brumaire, an 6, ou 25 octobre 1797.

DÉDICACE
AU
CORPS LEGISLATIF
ET
AU POUVOIR EXÉCUTIF.

Citoyens Législateurs et Directeurs,

Quand même la République ne solemniseroit pas les fêtes de la vieillesse et du malheur, le sentiment qui m'a dicté les observations dont je vous offre l'hommage, me feroit espérer l'encouragement de votre patriotisme et l'indulgence de vos lumieres.

L'élan naïf et la touchante effusion d'un cœur calme, énergique et libre au sein de la douleur et de l'infortune, conviendront plus à vos ames généreuses que la morne stupeur de l'abattement, la pusillanime circonspection de la crainte, ou le cri violent du désespoir.

Vous avez applaudi, citoyens, au rappel de l'arriere-postérité des émigrés volontaires

A

qu'avoit mécontentés la révocation de l'édit de Nantes. Avec quels transports ne vous remercierons-nous pas de la paix et de la sécurité que votre justice et votre sensibilité vont rendre à des contemporains non moins intéressans et plus persécutés, à des français qu'un bruit alarmant semble menacer de ruine totale et d'émigration forcée, pour prix de la confiance avec laquelle ils se sont reposés sur votre loyauté, en demeurant, malgré les plus terribles orages, au sein de leur patrie que la plupart ont servie de leur mieux, de leur patrie qui sûrement ne les traitera point en marâtre plutôt qu'en mere. Ils sont hommes, citoyens, malheureux, innocens, et soumis aux lois. La religion qu'ils professent avec la majorité des français, fournit les plus sublimes préceptes et les plus admirables modeles, les plus doux motifs et les plus efficaces moyens pour entretenir, sous les auspices de l'Etre-Suprême, la bienveillance et l'harmonie entre toutes les branches et tous les rejettons de la grande et unique famille du genre humain, toute issue du même pere. Elle recommande l'amour de Dieu et du prochain, l'obéissance au gouvernement, le pardon des injures, l'honneur sans vanité, la résignation sans bassesse, le courage dans les dangers, la patience dans les traverses, la modestie dans le succès, les sacrifices particuliers à l'intérêt général, en un mot, la fuite du vice et la pratique de la vertu.

Vous savez, Législateurs et Directeurs, que rechercher après certain laps de générations la postérité vraie ou prétendue des hommes bien ou mal à propos inculpés, ce seroit souvent permettre aux descendans des oppresseurs de crier vengeance contre les descendans des opprimés. En supposant quelques diatribes modernes revêtues de l'exactitude et de la vérité qui leur manquent, au moins ne doit-on pas disconvenir, 1°. que beaucoup de familles nobles en 1789 ne l'étoient pas au siecle de Hugues Capet, *et vice versâ*; 2°. que beaucoup de catholiques de 1789 descendoient de protestans, contemporains de Charles IX; observation dont l'inverse n'est pas moins incontestable; 3°. que la roue de la fortune et du temps a donné des alternatives de grandeur et d'abaissement, de puissance et de foiblesse, de sagesse et de sottise aux empires, aux conditions, aux races, aux individus, et qu'enfin rien ne seroit plus déraisonnable et plus injuste que de faire réjaillir les fautes oubliées ou douteuses, même les fautes prouvées des ancêtres sur leur véritable ou apparente postérité, sur-tout dans un système qui ne permet pas au fils d'hériter de la considération la mieux méritée de son pere.

Très-sujet à l'erreur, mais plein de franchise et de bonnes intentions; ne m'étant jamais permis de libelles, et n'ayant pas manqué de signer ou d'avouer tout ce que le zele du bien public m'a fait écrire depuis comme avant la révolution, j'espere, citoyens, vous faire agréer ma demande, soumise aux lumieres de votre philanthropie et de votre équité.

Salut, respect et fraternité,

CHARLES-GASPARD TOUSTAIN,
pere et grand-pere, voué depuis
environ quarante ans au service
de la patrie.

Paris, 26 vendémiaire, an 6.

SUR LE PROJET
DE BANNIR OU DÉPORTER
LA CI-DEVANT NOBLESSE,
DÉJA SPOLIÉE ET DÉCIMÉE.

Homines estis, humani nihil à vobis alienum.

CE n'est pas en vil égoïste que j'implore l'humanité de mes concitoyens pour moi seul; c'est en vrai républicain que je la réclame pour tous les infortunés non coupables. Sans doute ils sauroient supporter ce nouveau malheur; mais il sera beau de les en préserver.

Toutes les classes de la société sont sœurs, comme les hommes qui les composent sont freres. Pourquoi s'acharner sans cesse contre un ci-devant ordre dont tous les membres se sont expédiés ou résignés de bonne grace sur la perte des distinctions qu'ils ne s'étoient pas données eux-mêmes, mais qu'ils avoient reçues des antiques lois, usages, mœurs, formes, opinions et coutumes de leurs concitoyens; distinctions d'ailleurs qui sembloient alors faire l'émulation de tous les états, qui n'étoient inaccessibles et incommunicables pour personne, et qui pour un grand nombre étoient le prix de talens, de lumieres, d'actions, ou de services réels et notables que la politique et la morale gagnoient peut-être à payer plutôt en honneurs qu'en argent. Cette monnoie idéale étoit alors plus estimée que celle des assignats pour suppléer la monnoie métallique.

De plus, quantité de nobles d'aujourd'hui, même entre les illustrés, descendent de ces braves et laborieux serfs ou affranchis, que, malgré l'aisance d'un grand nombre, ou dit (sans preuve) avoir été généralement opprimés par la noblesse d'autrefois, par ces propriétaires distingués, dont certainement, aux siecles anciens, comme de nos jours, plusieurs ont été les bienfaiteurs, et non les tyrans de leurs vassaux.

Ce titre de vassal, dans les derniers temps, n'étoit pas plus humiliant auprès de celui de seigneur, que ne l'est encore celui de locataire à l'égard d'un propriétaire. On sait que plus d'un grand, suzerain d'autres grands, étoit par fois vassal de son intendant.

C'est une erreur réfutée d'avance dans tous

les bons livres, et notamment dans l'*Encyclopédie méthodique*; c'est une grossiere erreur de représenter les barbares insurgés contre l'Empire romain comme les fondateurs de la noblesse. Cette institution vraiment universelle et immémoriale, dont il subsiste des vestiges de plus de quarante siecles, existoit chez les nations les plus civilisées, comme chez les autres; elle existoit chez les Romains, les Carthaginois, les Grecs, les Egyptiens, les Perses et les Indiens, comme chez les Scytes, les Tartares, les Germains et les Gaulois. Les Républiques l'adoptoient comme les Monarchies. Elle n'est pas plus contraire à la nature que les autres institutions sociales, puisqu'on l'a retrouvée chez les Sauvages de l'Amérique, chez les Negres de l'Afrique, et jusques dans les Isles et de la Mer du Sud, et de la Mer Glaciale. Cette institution n'est pas non plus contraire à la liberté, puisqu'en tout pays les nobles étoient les premiers libres, les premiers *ingénus*. Ah! si l'on bannit ceux qui sont restés de bonne foi, comment blâmer encore ceux qui, semblables au dernier Brutus et à Sertorius, n'ont cru voir d'autre moyen que la fuite, pour se soustraire aux torches, aux poignards, aux chaînes, à l'échafaud?

Nos derniers réfugiés n'avoient pas les adoucissemens et les jouissances ou consolations, ne recevoient pas les invitations et facilités de retour que le gouvernement de Louis XIV donnoit à ceux de 1685. Leur évasion, d'après les rapports mêmes et les aveux de nos assemblées nationales, notamment de la convention, paroissoit trop justifiée par le traitement fait à ceux qui n'avoient pas suivi leur exemple. L'excuse du robespierrisme existoit dès 1789 pour ceux dont on avoit déja très-impunément pillé ou brûlé les maisons, outragé et menacé les personnes, massacré ou persécuté les voisins, les parens et les amis. La plupart de ces modernes réfugiés n'étoient ni de la ci-devant noblesse, ni du ci-devant clergé. De bonne foi, peut-on s'étonner que des êtres doués d'intelligence de sensibilité, que des zélateurs sinceres de la sûreté, de la liberté, de la propriété, de la fraternité, de l'équité, se soient par fois soulevés contre cette hypocrite et féroce anarchie, contre ce régime atrocément illusoire ou dérisoire, contre cet odieux et déplorable ordre ou désordre de choses qui, par un perpétuel abus des termes, par un impudent tissu de contre-sens et de contre-vérités, prodiguoit tous les maux en promettant tous les biens; qui tenoit le glaive de Damoclès continuellement suspendu sur les têtes de tout âge, de tout sexe, de tout état, de toute conduite et de toute opinion? Honneur aux pouvoirs exécutif et législatif, qui nous ont juré que le détestable arbitraire et le sanglant terrorisme ne renaîtroient pas sur le sol de la République française! Un bon gouvernement est toujours sûr de s'attacher les sujets, sans avoir besoin de multiplier (sur-tout de la part des non-fonctionnaires) les formules de sermens et de déclarations.

Si le hasard d'une naissance ou d'une place autrefois distinguée, rendoit punissable, quel français de bonne foi, quel européen seroit à l'abri de la punition? Ne sait-on pas que presque tous, avant 1789, vouloient être ou devenir nobles? Ignore-t-on qu'un des plus ardens calomniateurs et vexateurs de cet ordre, depuis sa chûte, en avoit *usurpé* le rang, les prérogatives et le titre pendant qu'il florissoit encore? Et regardera-t-on comme patriotique une versatilité si peu généreuse, si peu républicaine?

Dans plusieurs villes de la France, comme de l'Allemagne, de l'Angleterre, de la Suisse et de l'Italie, les privileges de la bourgeoisie furent tels, que souvent la noblesse s'empressa de s'y agréger. Des publicistes et des jurisconsultes nés dans le tiers-état, soutenoient, avant 1789, que le gouvernement féodal ne méritoit pas certaines critiques récentes, et qu'il étoit le meilleur contre-poids du gouvernement municipal.

La féodalité qu'on retrouve chez les plus antiques peuples cultivateurs, tels que les Chinois, et chez les plus antiques peuples nomades, tels que les Arabes, bien avant l'époque des Lombards et des Saliens, auxquels l'ont attribuée des modernes, et avant lesquels nous la retrouvons dans les Gaules et la Germanie; la féodalité dont nous appercevons des traces même dans la République romaine, assujettissoit, à la vérité, beaucoup d'hommes à la glebe, comme le service assujettit le soldat aux drapeaux et le juge à son siege; mais elle a fait tomber l'esclavage personnel; elle a donné à l'homme pauvre et laborieux la faculté de devenir propriétaire, moyennant une légere redevance. Sans en faire l'apologie, nous pouvons dire que les anciennes Républiques auroient encore gagné à la substituer à l'esclavage qu'elles mettoient en pratique pour la culture des terres. Au surplus, cette féodalité n'est que bien postérieure à l'institution de la noblesse, qui prend sa source dans la récompense des services, dans l'éclat des qualités, des succès ou du pouvoir, dans la reconnoissance des nations ou de leurs chefs, dans l'espérance d'étouffer l'égoïsme ou l'indifférence par des vues de famille et de postérité; enfin même, dans les droits d'aînesse et de propriété. Le fils d'un noble héritoit de la qualification de son pere au même titre que le fils d'un riche succede à la fortune du sien. Malgré les déclamations récentes, cette succession par la seule naissance n'étoit point une hérédité d'emplois ou de pouvoirs. Ces derniers annonçoient toujours ou du moins supposoient le mérite et les services; et jamais on n'en a exclu les non-nobles. Ceux-ci étoient préférés pour quantité d'emplois de judicature et de finances, comme pour les établissemens d'industrie et de commerce, ainsi que quelques nobles l'étoient pour certaines places de robe et d'épée. Mais une véritable exclusion mutuelle ne résultoit pas de cette préférence respective, uniquement fondée sur le motif d'appliquer les diverses classes de sujets à l'état où on les croyoit alors le plus disponibles.

Il ne seroit pas plus exact d'attribuer tous les avantages à la noblesse, d'après l'exemple de quelques familles éminentes ou privilégiées, que de supposer tout le ci-devant tiers-état dans l'opulence à cause des millionnaires renfermés dans son sein. O vous qui croyez que tous les nobles étoient les enfans gâtés de la faveur et de la fortune, consultez les mémoires pour l'Ecole Militaire, dont est sorti le général Buonaparte, et pour la Maison de St. Cyr, où sa sœur a reçu l'éducation. Là vous apprendrez qu'il y avoit plus de nobles sous le chaume et la bure, que sous la pourpre et dans les palais. Là vous verrez aussi, que semblables aux Fabius, aux Fabricius, aux Curius, aux Cincinnatus, beaucoup savoient allier les vertus patriarchales et champêtres aux exercices et à la gloire des armes.

Quant aux détracteurs qui n'emploient que des expressions avilissantes ou des tournures infamantes pour désigner ce que leurs peres appelloient *crème de chevalerie, fleur de loyauté, rempart et bouclier de l'état,* leur style est un reste de ce langage impur du sans-culotisme qu'on se dispensera de relever. Quelle association d'hommes est composée d'anges, et laquelle est exempte ou de l'application des reproches ou du besoin de l'indulgence?

Tout cet exposé ne tend nullement à la résurrection de la feue noblesse, qui comme être moral, est morte en France depuis le 19 juin 1790, et sur-tout depuis le 10 août 1792; mais qui renferme au physique nombre d'individus sensibles, que leur seule qualité d'hommes et de compatriotes doit rendre intéressans et chers à ceux de leurs semblables de toute opinion, qui n'ont ni méconnu les principes du vrai civisme, ni dépouillé les sentimens de la tendre humanité. Voudroit-on dans la plus mauvaise saison chasser, pour le rang de leurs peres, des femmes, des enfans et des vieillards jusques chez des nations éloignées, dont ils ignorent la langue et les habitudes, et que les mille trompettes de la calomnie ont rendues inhospitalieres en les prévenant contre les victimes accusées des maux qu'on leur fait souffrir? Au lieu de perpétuer les distinctions pour éterniser la persécution, au lieu de revenir si cruellement à la charge contre ces infortunés Français, déja tourmentés de (1) huit années d'outrages, de

―――――――――――――――――――――――

(1) Si le soupçon de mécontentement ou d'opinion peut jamais devenir un motif de bannissement contre ceux dont la conduite est irréprochable, il faudra ban-

calomnies, de ruine, de proscriptions, où la multitude n'a rien gagné, ne seroit-il pas plus digne d'un grand peuple, d'une nation libre et souveraine de les rassurer, de les consoler par une loi portant : Que la République française agissant avec la générosité conforme à sa sagesse et à sa puissance, entend que le bienfait de l'égalité s'étende sur tous ses enfans, de maniere que de la plus haute à la plus basse condition de l'ancien régime, il n'y ait sous le nouveau nulle matiere à reproche ni à félicitation; que personne ne soit inquiété, soupçonné, ni recherché pour avoir été prêtre, noble ou notable, et que vu la

---

nir les dix-neuf vingtiemes de Français, de tout état sans exception. Le système dépopulateur de Robespierre n'alloit pas encore jusques là. Honneur au représentant Serres, dont l'éloquente et patriotique motion nous parvient au moment où nous portons ces lignes à l'impression! Honneur aux journalistes qui défendent la cause du malheur et de l'innocence, de la patrie et de l'humanité! Quel vrai républicain ne joindra ses vœux et ses acclamations aux nôtres, tant qu'il sera permis de croire, avec le président de Montesquieu, que la vertu doit être le mobile des Républiques?

Summum crede nefas vitam præferre pudori.
JUVENAL.

destruction légale des corporations, vu surtout la maxime constitutionnelle de n'appliquer aux enfans ni les fautes ni les mérites de leurs peres, il n'y ait, dans les cas de nécessité, que des poursuites ou surveillances individuelles, et jamais de défiance ou mesure générale, ni de châtimens en masse. Certes, loin de la 5e. assemblée nationale et de la 6e. année républicaine, la funeste velléité de réaliser des projets infiniment plus impolitiques, plus inhumains et plus inexcusables que l'ostracisme de cinq ans et jamais perpétuel des envieuses et turbulentes démagogies d'Athenes et de Syracuse ; ostracisme d'ailleurs prononcé, non par une poignée de représentans sur une masse de représentés, mais par tout un peuple sur un seul individu. Oui, loin de la 5e. assemblée nationale et de la 6e. année républicaine l'odieux soupçon de ressusciter les temps d'opprobre et de calamités où s'érigeoit un monument à Marat le même jour qu'on renversoit le mausolée de Turenne, où l'on immoloit Malsherbes en divinisant Châlier, où l'on brûloit le portrait de Sully en gravant celui du pere Duchesne !

P. S. *Du décadi 30 vendémiaire, an* **VI**, *ou samedi 21 octobre 1797.*

EN recevant cette premiere épreuve d'un opuscule remis à l'impression depuis trois jours, nous lisons dans un journal estimé ces phrases remarquables : « Si le corps législatif
» s'arrogeoit le droit d'exécuter ce plan conçu
» par l'enfer contre tant de français irrépro-
» chables, il seroit le maître de la nation, et
» de déclarer tous les français étrangers à la
» France; car du moment qu'il auroit ce droit
» contre une portion, je ne vois plus aucune
» raison qui l'empêche de l'avoir contre l'uni-
» versalité....... Les biens des ex-nobles sont
» aussi entièrement sous la sauve-garde des
» lois françaises que leurs personnes et que la
» personne et les biens des autres français. Si l'on
» pouvoit faire une exception à cet égard, bien-
» tôt on pourroit faire d'autres exceptions (1)
» à l'égard d'une autre classe d'individus, et
» d'exceptions en exceptions, il n'y auroit plus

_____

(1) Comme il est arrivé de 1789 à 1794, où bientôt après le pillage et l'incendie des hôtels, des châteaux et des parchemins, est venu le tour des magasins, des comptoirs, des boutiques, des porte-feuilles, etc.

» ni

» ni constitution, ni lois ; on ne verroit plus que
» le colosse hideux de la tyrannie errer au mi-
» lieu d'une immense solitude....... Soumettre
» les ci-devant nobles aux effets d'inculpations
» suggérées par la mauvaise foi, l'ignorance
» et l'animosité, sans qu'elles aient été pesées
» dans les formes garantes de la justice et de
» l'impartialité, c'est violer la constitution et
» la déclaration des droits, qui veulent que
» nul ne puisse être jugé qu'après avoir été en-
» tendu ou légalement appellé (1)...... L'esprit
» de la constitution française et le vœu de la
» nation ne sont-ils pas que le corps de la no-
» blesse étant aboli, tous ses membres soient des
» hommes et rentrent dans l'état de nature,
» comme les membres des corps de marchands,
» d'arts et métiers y sont rentrés lorsque leurs
» corporations et leurs maîtrises ont été sup-
» primées. Tous sont devenus, sans distinction,
» des citoyens égaux en droits dans un gouver-

---

(1) Cette espece d'atteinte à toute espece de droit naturel et positif, pourroit bien aller successivement jusqu'à la monstrueuse fantaisie de faire de la France un désert, ou d'en remplacer les colons naturels par des vagabonds ou brigands étrangers. Cette note et la précédente ne sont pas du journal cité ; mais elles étoient dans la bouche du peuple français.

B

» nement qui ne connoissoit que des citoyens
» et la plus parfaite égalité entr'eux.......
» Quoi ! parce que vous pensez que je suis cou-
» pable de tel crime, je dois être puni comme
» si je l'avois réellement commis? Où en serions-
» nous, grand Dieu ! si toutes les illusions qui
» passent par la tête de nos ennemis devenoient
» des vérités incontestables aux yeux de la jus-
» tice et des tribunaux? »

En renvoyant cette épreuve, nous apprenons le retard que vont souffrir les corrections et le tirage, à cause des trois jours consécutifs de décadi, de dimanche, et de lendemain pour les ouvriers. Nous apprenons également avec quel généreux mouvement de justice et de sensibilité patriotiques le conseil des cinq cents a rejetté ou changé le projet dont tous les bons citoyens ont montré l'horreur et les inconvéniens.

Soupirer n'est pas conspirer. Ainsi, gémir sans trembler, réclamer sans ramper, représenter sans offenser ni flatter, en un mot, observer de son mieux, et la décence et la véracité républicaines, voilà, ce nous semble, jusqu'où s'étendent les pouvoirs d'un proscrit, qui desire s'éloigner également de la froideur, de l'imprudence et de la foiblesse. Il ne doit rien préjuger de l'avis du conseil des anciens sur l'étrange résolution qui déclare étrangers ces ex-gentilshommes (*gentis homines*), que la ci-devant opinion publique, d'accord avec l'étymologie de leur dénomination, regardoit comme nationaux par excellence.

Dans le cas où la résolution se convertiroit en décret, le proscrit, toujours plaidant pour ses consorts plus que pour lui-même, se contentera d'observer d'un ton modeste et ferme à ses concitoyens de tout état et de toute opinion, que la loyauté française sera la sauvegarde des français mêmes qui, *sans forfaiture préalablement jugée*, se trouveroient défrancisés. Le plus antique des écrivains sacrés, Moyse, et le plus ancien des auteurs profanes, Homere, prescrivent également tous les égards pour le malheureux et pour l'étranger. Or, quand l'ex-noblesse française n'auroit qu'un de ces deux titres, il lui donnera plus de droits à l'intérêt de ses généreux concitoyens, que la constitution monarchique ne lui en accordoit à leur déférence. Que sera-ce si quelque loi les lui fait réunir tous deux? Que sera-ce sur-tout si la majorité de ce corps (si bizarrement détruit, si bizarrement rétabli) soutient cette accumulation de revers avec autant d'égalité d'ame qu'elle recevoit jadis certaine portion de splendeur et de prospérité? *Heu multi fuerunt Troes! Heu plures adhuc heroes essent!*

Au surplus, tout en protestant de notre soumission franche aux lois, conservons encore l'espérance qu'aucune ne consacrera ce nouveau plan d'inégalité très-inconstitutionnelle, qui peut-être rameneroit un jour des systêmes de brigandage et de destruction.

Dès le 26 vendémiaire, nous avions envoyé la substance de notre manuscrit à divers français qui sont en place et en volonté de contribuer puissamment au bien de la patrie. Nous n'avons pas la prétention de la *mouche du coche*. Nous félicitons nos législateurs, nos directeurs, nos administrateurs, tous nos concitoyens, et nous-mêmes, de ce que notre foible travail devient maintenant sans application. Mais nous laisserons paroître cet imprimé comme un avertissement fraternel au petit nombre de républicains qui, trompés encore par les déclamations, les sophismes, les préjugés et l'imposture, rêvent tout de bon qu'une opération si cruellement extravagante eût été convenable et sage. Disons-leur avec M. Gudin :

« Humains, humains, soyez donc indulgens,
» Nous sommes tous plus foibles que méchans ».

F I N.

www.ingramcontent.com/pod-product-compliance
Lightning Source LLC
Chambersburg PA
CBHW060901050426
42453CB00011B/2064